WILHELM BUSCH

Die Kirmes

und andere Bildergeschichten

MIT EINEM NACHWORT
VON CARL W. NEUMANN

PHILIPP RECLAM JUN. STUTTGART

Universal-Bibliothek Nr. 7330
Gesetzt in Garamond-Antiqua. Printed in Germany 1977.
Reproduktionen: Walter Huber, Ludwigsburg. Herstellung:
Reclam Stuttgart
ISBN 3-15-007330-8

Inhalt

Die Kirmes	5
Eine kalte Geschichte	23
Die Meise	30
Vierhändig	32
Der Einsame	41
Gemartert	42
Eine milde Geschichte	43
Es wird mit Recht ein guter Braten	51
Sie war ein Blümlein	52
Wer möchte diesen Erdenball	53
Der Zylinder	54
Summa summarum	64
Nachwort	65

Die Kirmes

Fest schlief das gute Elternpaar
Am Abend, als die Kirmes war.

Der Vater hält nach seiner Art
Des Hauses Schlüssel wohl verwahrt;
Indem er denkt: Auf die Manier
Bleibt mein Herminchen sicher hier! –

Ach, lieber Gott, ja ja, so ist es!
Nicht wahr, ihr guten Mädchen wißt es:
Kaum hat man was, was einen freut,
So macht der Alte Schwierigkeit!

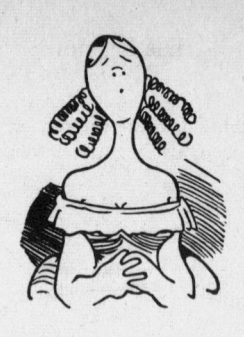

Hermine seufzt. –

                Dann denkt sie: Na!
Es ist ja noch das Fenster da!

Durch dieses eilt sie still behende

Hierauf hinab am Weingelände

Und dann durchs Tor voll frohen Drangs
Im Rosakleid mit drei Volangs. –

Grad rüsten sich zum neuen Reigen
Rumbumbaß, Tutehorn und Geigen.

Tihumtata humtata humtatata!
Zupptrudiritirallala rallalala!

's ist doch ein himmlisches Vergnügen,
Sein rundes Mädel herzukriegen

Und rund herum und auf und nieder
Im schönen Wechselspiel der Glieder

Die ahnungsvolle Kunst zu üben,
Die alle schätzen, welche lieben. –

Hermine tanzt wie eine Sylphe,
Ihr Tänzer ist der Forstgehilfe. –

Auch dieses Paar ist flink und niedlich,
Der Herr benimmt sich recht gemütlich.

Hier sieht man zierliche Bewegung,
Doch ohne tiefre Herzensregung.

Hingegen diese, voll Empfindung,
Erstreben herzliche Verbindung.

Und da der Hans, der gute Junge,
Hat seine Grete sanft im Schwunge;

Und inniglich, in süßem Drange,
Schmiegt sich die Wange an die Wange;

Und dann mit fröhlichem Juchhe,
Gar sehr geschickt, macht er Schasseh.

Der blöde Konrad steht von fern
Und hat die Sache doch recht gern.

Der Konrad schaut genau hinüber.
Die Sache wird ihm immer lieber.

Der Konrad leert sein fünftes Glas,
Die Schüchternheit verringert das.

Flugs engagiert er die bewußte
Von ihm so hochverehrte Guste.

Die Seele schwillt, der Mut wird groß,
Heidi! Da saust der Konrad los.

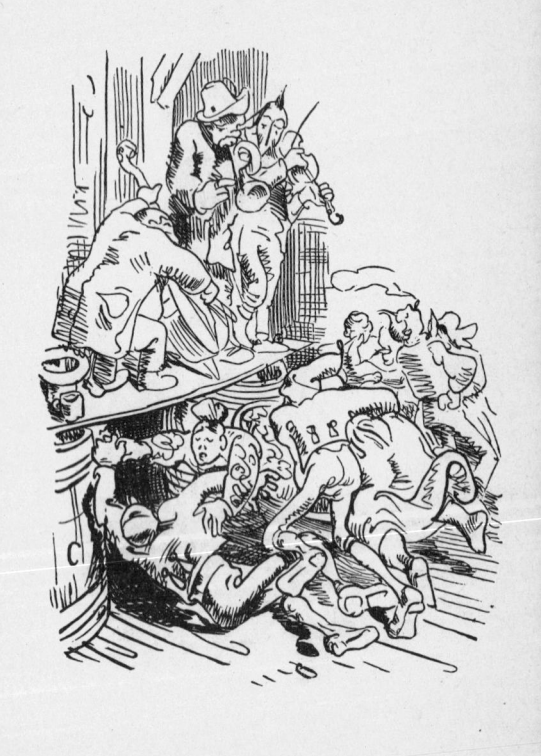

Zu große Hast macht ungeschickt. –
Hans kommt mit Konrad in Konflikt.

Und – hulterpulter rumbumbum! –
Stößt man die Musikanten um.

Am meisten litt das Tongeräte. –
Und damit ist die schöne Fete
Zu jedermanns Bedauern aus. –

Hermine eilt zum Elternhaus

Und denkt, wie sie herabgeklommen,
Auch wieder so hinaufzukommen.

O weh! Da bricht ein Stab der Reben.
Nun fängt Hermine an zu schweben.

Die Luft weht kühl. Der Morgen naht. –
Die gute Mutter, welche grad,

Das Waschgeschirr in allen Ehren
Gewohntermaßen auszuleeren,

Das Fenster öffnet, sieht mit Beben
Herminen an der Stange schweben.

Und auch die Jugend, die sich sammelt,
Ist froh, daß da wer bimmelbammelt.

Doch sieh, da zeigt der Vater sich
Und schneidet weg, was hinderlich.

Und mit gedämpftem Schmerzenshauch
Senkt sie sich in den Rosenstrauch.

Eine kalte Geschichte

Der Wind der weht, die Nacht ist kühl.

Nach Hause wandelt Meister Zwiel.
Verständig, wie das seine Art,

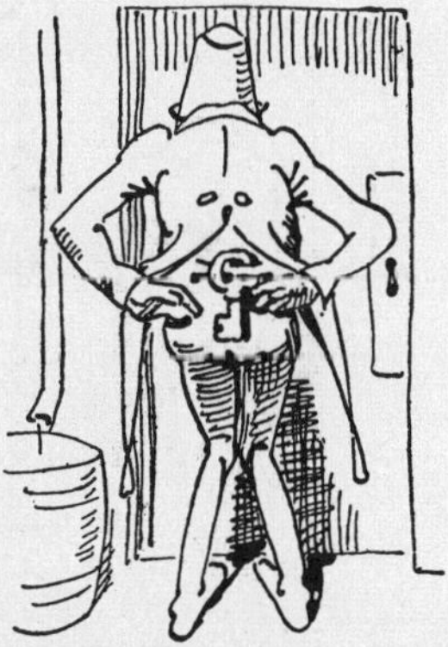

Hat er den Schlüssel aufbewahrt.

Das Schlüsselloch wird leicht vermißt,

Wenn man es sucht, wo es nicht ist.
Allmählich schneit es auch ein bissel;

Der kalten Hand entfällt der Schlüssel.

Beschwerlich ist die Bückerei;

Es lüftet sich der Hut dabei.
Der Hut ist naß und äußerst kalt;

Wenn das so fortgeht, friert es bald.

Noch einmal bückt der Meister sich,

Doch nicht geschickt erweist er sich.
Das Wasser in dem Fasse hier

Hat etwa null Grad Reaumur.

Es bilden sich in diesem Falle

Die sogenannten Eiskristalle.
Der Wächter singt: Bewahrt das Licht!

Der kalte Meister hört es nicht.

Er sitzt gefühllos, starr und stumm;

Der Schnee fällt drauf und drum herum.
Der Morgen kommt so trüb und grau;

Frau Pieter kommt, die Millichfrau;

Auch kommt sogleich mit ihrem Topf

Frau Zwiel heraus und neigt den Kopf.
»Schau, schau!« ruft sie, in Schmerz versunken,
»Mein guter Zwiel hat ausgetrunken!
Von nun an, liebe Madam Pieter,

Bitt ich nur um ein viertel Liter!«

Die Meise

Auguste, wie fast jede Nichte,
Weiß wenig von Naturgeschichte.
Zu bilden sie in diesem Fache,
Ist für den Onkel Ehrensache.

   Auguste, sprach er, glaub es mir,
Die Meise ist ein nettes Tier.
Gar zierlich ist ihr Leibesbau,
Auch ist sie schwarz, weiß, gelb und blau.
Hell flötet sie und klettert munter
Am Strauch kopfüber und kopfunter.
Das härtste Korn verschmäht sie nicht,
Sie hämmert, bis die Schale bricht.
Mohnköpfchen bohrt sie mit Verstand
Ein Löchlein in den Unterrand,
Weil dann die Sämerei gelind
Von selbst in ihren Schnabel rinnt.
Nicht immer liebt man Fastenspeisen,
Der Grundsatz gilt auch für die Meisen.
Sie gucken scharf in alle Ritzen,
Wo fette Käferlarven sitzen,
Und fangen sonst noch Myriaden
Insekten, die dem Menschen schaden,
Und hieran siehst du außerdem,
Wie weise das Natursystem. –
So zeigt er, wie die Sache lag.

   Es war kurz vor Martinitag.
Wer dann vernünftig ist und kann's
Sich leisten, kauft sich eine Gans.

   Auch an des Onkels Außengiebel
Hing eine solche, die nicht übel,
Um, nackt im Freien aufgehangen,
Die rechte Reife zu erlangen.
Auf diesen Braten freute sich
Der Onkel sehr und namentlich

Vor allem auf die braune Haut,
Obgleich er sie nur schwer verdaut.
 Martini kam, doch kein Arom
Von Braten spürt der gute Ohm.
Statt dessen trat voll Ungestüm
Die Nichte ein und zeigte ihm
Die Gans, die kaum noch Gans zu nennen,
Ein Scheusal, nicht zum Wiederkennen,
Zernagt beinah bis auf die Knochen.
Kein Zweifel war, wer dies verbrochen,
Denn deutlich lehrt der Augenschein,
Es konnten nur die Meisen sein.
Also ade! du braune Kruste.
 Ja, lieber Onkel, sprach Auguste,
Die gern, nach weiblicher Manier,
Bei einem Irrtum ihn ertappt:
Die Meise ist ein nettes Tier.
Da hast du wieder recht gehabt.

Vierhändig

Der Mensch, der hier im Schlummer liegt,

Hat seinen Punsch nicht ausgekriegt.
Dies ist dem Affen äußerst lieb;

Er untersucht, was übrigblieb.

Der Trank erscheint ihm augenblicklich

Beachtenswert und sehr erquicklich,
Drum nimmt er auch die Sache gründlich.

Der Schwanz ist aber recht empfindlich.

Der Hauch ist kühlend insoweit,

Doch besser wirkt die Flüssigkeit.

Begierig wird der Rest getrunken

Und froh auf einem Bein gehunken.

Das Trinkgeschirr, sobald es leer,

Macht keine rechte Freude mehr.
Jetzt können wir, da dies geschehn,

Zu etwas anderm übergehn.

Zum Beispiel mit gelehrten Sachen

Kann man sich vielfach nützlich machen.
Hiernach, wenn man es nötig glaubt,

Ist die Zigarre wohl erlaubt.

Man zündet sie behaglich an,

Setzt sich bequem und raucht sodann.

Oft findet man nicht den Genuß,

Den man mit Recht erwarten muß.
So geht es mit Tabak und Rum:

Erst bist du froh, dann fällst du um.

Hier ruhn die Schläfer schön vereint,
Bis daß die Morgensonne scheint.

Im Kopf ertönt ein schmerzlich Summen,
Wir Menschen sagen: Schädelbrummen.

Der Einsame

Wer einsam ist, der hat es gut,
Weil keiner da, der ihm was tut.
  Ihn stört in seinem Lustrevier
Kein Tier, kein Mensch und kein Klavier,
Und niemand gibt ihm weise Lehren,
Die gut gemeint und bös zu hören.
  Der Welt entronnen, geht er still
In Filzpantoffeln, wann er will.
  Sogar im Schlafrock wandelt er
Bequem den ganzen Tag umher.
  Er kennt kein weibliches Verbot,
Drum raucht und dampft er wie ein Schlot.
  Geschützt vor fremden Späherblicken,
Kann er sich selbst die Hose flicken.
  Liebt er Musik, so darf er flöten,
Um angenehm die Zeit zu töten,
Und laut und kräftig darf er prusten,
Und ohne Rücksicht darf er husten,
Und allgemach vergißt man seiner.
Nur allerhöchstens fragt mal einer:
Was, lebt er noch? Ei schwerenot,
Ich dachte längst, er wäre tot.
  Kurz, abgesehn vom Steuerzahlen,
Läßt sich das Glück nicht schöner malen.
  Worauf denn auch der Satz beruht:
Wer einsam ist, der hat es gut.

Gemartert

Ein gutes Tier
Ist das Klavier,
Still, friedlich und bescheiden,
Und muß dabei
Doch vielerlei
Erdulden und erleiden.

Der Virtuos
Stürzt darauf los
Mit hochgesträubter Mähne.
Er öffnet ihm
Voll Ungestüm
Den Leib, gleich der Hyäne.

Und rasend wild,
Das Herz erfüllt
Von mörderlicher Freude,
Durchwühlt er dann,
Soweit er kann,
Des Opfers Eingeweide.

Wie es da schrie,
Das arme Vieh,
Und unter Angstgewimmer
Bald hoch, bald tief
Um Hilfe rief,
Vergeß ich nie und nimmer.

Eine milde Geschichte

Selig schwanket Bauer Bunke
Heim von seinem Abendtrunke.

Zwar es tritt auf seinen Wegen
Ihm ein Hindernis entgegen,

Und nicht ohne viel Beschwerden

Kann es überwunden werden.

Aber, siehst du, es gelingt
Schneller, als ihm nötig dünkt.

Pfeife läßt er Pfeife sein,

Drückt sich in sein Haus hinein

Und begibt sich ohne Säumen
Hin zu seinen Zimmerräumen,
Wo Frau Bunke für die Nacht
Einen Teig zurechtgemacht.

Unverzüglich, weil er matt,

Sucht er seine Lagerstatt.

Diese kommt ihm sehr gelegen,
Um darin der Ruh zu pflegen.

Oh, wie wonnig schmiegt das Mus

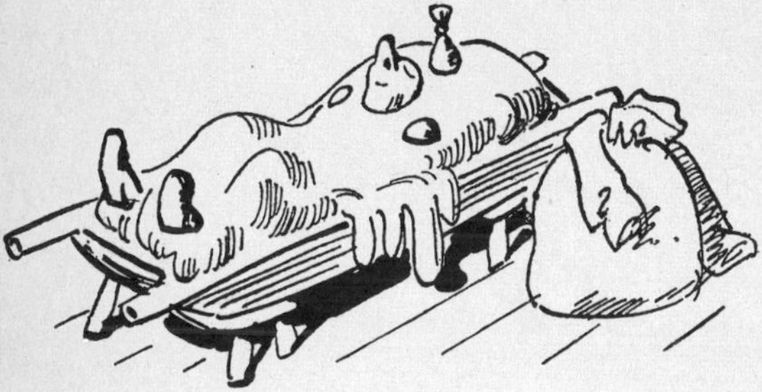

Sich um Kopf, Leib, Hand und Fuß.

Doch, wie sich der Mund bedeckt,

Wird er ängstlich aufgeschreckt.

Schnell, mit unterdrückter Klage,
Sucht er eine andre Lage.

Auf dem Bauche ruht er milde,

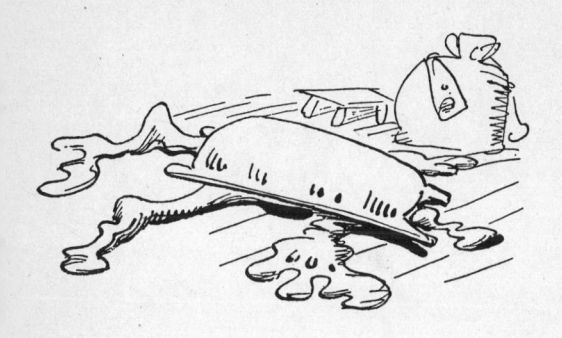

Wie die Kröte mit dem Schilde.

Lange bleibt er so nicht liegen.
Ihn verlangt es, Luft zu kriegen.

Ach, Frau Bunke steht erschrocken;

Ihre Lebensgeister stocken.

Traurig führet sie den Besen;
Kummer füllt ihr tiefstes Wesen;
Weinen kann ihr Angesicht,
Aber backen kann sie nicht.

Es wird mit Recht ein guter Braten
   Gerechnet zu den guten Taten;
   Und daß man ihn gehörig mache,
   Ist weibliche Charaktersache.
Ein braves Mädchen braucht dazu
   Mal erstens reine Seelenruh,
   Daß bei Verwendung der Gewürze
   Sie sich nicht hastig überstürze.
Dann, zweitens, braucht sie Sinnigkeit,
   Ja, sozusagen Innigkeit,
   Damit sie alles appetitlich,
   Bald so, bald so und recht gemütlich
   Begießen, drehn und wenden könne,
   Daß an der Sache nichts verbrenne.
In Summa braucht sie Herzensgüte,
   Ein sanftes Sorgen im Gemüte,
   Fast etwas Liebe insofern,
   Für all die hübschen, edlen Herrn,
   Die diesen Braten essen sollen
   Und immer gern was Gutes wollen.
Ich weiß, daß hier ein jeder spricht:
   Ein böses Mädchen kann es nicht.
Drum hab ich mir auch stets gedacht
   Zu Haus und anderwärts:
Wer einen guten Braten macht,
   Hat auch ein gutes Herz.

Sie war ein Blümlein hübsch und fein,
  Hell aufgeblüht im Sonnenschein.
Er war ein junger Schmetterling,
  Der selig an der Blume hing.
Oft kam ein Bienlein mit Gebrumm
  Und nascht und säuselt da herum.
Oft kroch ein Käfer kribbelkrab
  Am hübschen Blümlein auf und ab.
Ach Gott, wie das dem Schmetterling
  So schmerzlich durch die Seele ging.
Doch was am meisten ihn entsetzt,
  Das Allerschlimmste kam zuletzt.
Ein alter Esel fraß die ganze
  Von ihm so heiß geliebte Pflanze.

Wer möchte diesen Erdenball
  Noch fernerhin betreten,
Wenn wir Bewohner überall
  Die Wahrheit sagen täten.

Ihr hießet uns, wir hießen euch
  Spitzbuben und Hallunken,
Wir sagten uns fatales Zeug
  Noch eh wir uns betrunken.

Und überall im weiten Land,
  Als langbewährtes Mittel,
Entsproßte aus der Menschenhand
  Der treue Knotenknittel.

Da lob ich mir die Höflichkeit,
  Das zierliche Betrügen.
Du weißt Bescheid, ich weiß Bescheid;
  Und allen macht's Vergnügen.

Der Zylinder

Josephitag ist, wie du weißt,
Ein Fest für den, der Joseph heißt.

Drum bürstet, weil er fromm und gut,
Auch dieser Joseph seinen Hut

Und macht sich überhaupt recht schön,
Wie alle, die zur Metten gehn.

Hier geht er aus der Türe schon
Und denkt an seinen Schutzpatron. —

Heraußen weht nicht sehr gelind
Von Osten her ein kühler Wind,
So daß die beiden langen Spitzen,

Die hinten an dem Fracke sitzen,
Mit leichtem Schwunge sich erheben
Und brüderlich nach Westen streben. –

Jetzt kommt die Ecke.

                      Immer schlimmer
Weht hier der Wind. – Ein Frauenzimmer,
Obschon von Wuchse schön und kräftig,
Ist sehr bewegt und flattert heftig,
So daß man wohl bemerken kann – – –

O Joseph, was geht dich das an?

Ja, siehst du wohl, das war nicht gut!

Jetzt nimmt der Wind dir deinen Hut! –
Schnell legt der Joseph sein Brevier
Auf einen Stein vor einer Tür,

Um so erleichtert ohne Weilen
Dem schönen Flüchtling nachzueilen. –

O weh, da trifft und faßt ihn grad,
Doch nur am Rand, ein Droschkenrad.

Jetzt eilt er wieder schnell und heiter
In schönen Kreisen emsig weiter,
Und Joseph eilet hinterdrein.

Hopsa! Da liegt ja wohl ein Stein.

Wutschi – Der Joseph liegt im Saft.

Der Hut entfernt sich wirbelhaft. –

Dies sieht aus frohem Hintergrund
Ein alter Herr mit seinem Hund,

Und grade kommen auch daher
Die andern frommen Joseper
Und denken sich mit frohem Graus:
Wie schauderhaft sieht Joseph aus!

Und Josephs Hut, wo wäre der,
Wenn der Soldat allhier nicht wär

Und nicht mit seinem Bajonett

Ihn mutig aufgehalten hätt'. –

Nun hat ihn doch der Joseph wieder. –

Stolz geht der Krieger auf und nieder. –

Der Joseph aber schaut geschwind,
Wo seine andern Sachen sind.

Gottlob, sie sind noch alle dort. –
Der Herr mit seinem Hund geht fort,

Und Joseph schreitet auch nach Haus. –
Er sieht nicht mehr so stattlich aus

Und muß nun leider dessentwegen
Privatim seiner Andacht pflegen.
Drum soll man nie bei Windeswehen
Auf weibliche Gestalten sehen.

Summa summarum

Sag, wie wär' es, alter Schragen,
Wenn du mal die Brille putztest,
Um ein wenig nachzuschlagen,
Wie du deine Zeit benutztest.

Oft wohl hätten dich so gerne
Weiche Arme warm gebettet;
Doch du standest kühl von ferne,
Unbewegt, wie angekettet.

Oft wohl kam's, daß du die schöne
Zeit vergrimmtest und vergrolltest,
Nur weil diese oder jene
Nicht gewollt, so wie du wolltest.

Demnach hast du dich vergebens
Meistenteils herumgetrieben;
Denn die Summe unsres Lebens
Sind die Stunden, wo wir lieben.

Nachwort

Zu Anfang unseres Jahrhunderts ist Wilhelm Busch gestorben, und immer noch wirkt sein Name Wunder, wenn er in einer Gesellschaft genannt wird. Um die Lippen aller, die ihn kennen, spielt ein verständnisvolles Lächeln, denn unwillkürlich erscheint vor den Augen das Bild einer Lieblingsgestalt aus den Werken, der Witwe Bolte, der frommen Helene, Onkel Noltes, Tobias Knopps, Kirschan Stinkels, Balduin Bählamms und was sie sonst für Namen tragen, und in der Regel gesellt sich der Vorstellung gleich auch ein passendes Zitat. Vereinzelt gibt es freilich auch Menschen, die Busch ›nichts abgewinnen‹ können, weil seine besondere Art des Humors nun einmal ihrem Geschmack nicht entspricht. Niemand wird's ihnen übelnehmen, hat doch Busch selber in seinem Schaffen mancherlei Wandlungen durchgemacht, bevor er der unübertroffene Meister der Karikaturisten wurde.

Als er im Jahre 1859, 27 Jahre alt, für die *Fliegenden Blätter* und *Münchener Bilderbogen* zu arbeiten begann, war er ein Zeichner unter vielen, noch ohne jede persönliche Note, mitunter sogar noch recht ungeschickt. Wer aber die fünfzig Busch-Bilderbogen der Reihenfolge nach kritisch betrachtet, wird bald in den Bildern, bald in den Reimen auf deutliche Keime der Eigenart des nachmaligen reifen Könners stoßen. Besonders auffallend tritt der Fortschritt, die größere Beweglichkeit und Lockerheit der Karikaturen bereits in *Max und Moritz* hervor (1865), obgleich Busch auch in diesem Werke noch weit entfernt war von seiner späteren erstaunlich vielseitigen Ausdrucksfähigkeit. Seine große Zeit, da Bild und Wort, Zeichnung und Dichtung harmonisch zum Ganzen, zur Bildergeschichte zusammenflossen, begann im Jahre 1870 mit dem *Heiligen Antonius*, der beißend scharfen Satire gegen den Ultramontanismus; recht eigentlich aber erst 1872 mit der *Frommen Helene*, nachdem die langjährige Mitarbeit an den *Fliegenden* und den *Bilderbogen* ihr Ende erreicht hatte. Zwar spielt die Angriffslust des ›Kulturkämpfers‹ auch noch in die *Helene* hinein und stärker noch in den wenig später erschienenen *Pater Filuzius*, allein der Spott ist hier mehr gebändigt in reinere Form gegossen. Dann entstehen die Kunstwerke seiner Bildergeschichten; jede von ihnen vergrößert in Deutschland und in der Welt den Ruhm des klassischen Humoristen, der zusehends treffender charakterisiert, an Erfindungskraft schier unerschöpflich, als Schaffender unermüdlich ist.

Auf den allegorischen *Filuzius* folgten die *Bilder zur Jobsiade*, dem berühmten, 1784 entstandenen komischen Heldengedicht des Bochumer Arztes Karl Arnold Kortum, wozu Busch angeregt wurde durch den Plan eines Berliner Verlags, der eine zeitgemäß illustrierte Neuausgabe des Werkes herausbringen wollte. Die Jahre 1873 und 1874 bescherten seinen Freunden und Verehrern den Schwank *Der Geburtstag*, die köstliche Verulkung eines Häufleins sonderbündlerischer Spießer, die ihren entthronten Landesvater durch Geschenke erfreuen und ihn damit zu Rande zu kommen, ohne damit zu Rande zu kommen, und ferner das prächtige Buch *Dideldum*, dem zwei Geschichten in diesem Bändchen, *Die Kirmes* und *Der Zylinder*, entlehnt sind[1]. Ein Glanzstück des Dichterzeichners Busch und seiner verfeinerten Ausdruckskunst löste fortan das andere ab. Zunächst kam die Knopp-Trilogie heraus. Tobias Knopp, der ulkigste Kauz, den Wilhelm Busch erfunden hat, begibt sich auf Abenteuerfahrten, um eine Ehegenossin zu suchen, erlebt überwältigend komische Dinge und freit schließlich, ältlich und dick geworden, seine treubewährte Wirtschafterin mit dem anmutigen Namen Dorothea Lickefett. Der zweite Teil, *Herr und Frau Knopp* benannt, schildert ergötzlich die Freuden der Ehe im bunten Wechsel mit häuslichen Sorgen und allerlei Verdrießlich-

1. Die Bilder in diesem Bändchen sind gegenüber denen der Originalausgaben etwas verkleinert.

zeiten, und der dritte Teil ist *Julchen* gewidmet, dem rundlichen Sprößling der Verbindung, und dessen munterem Lebenslauf. In den *Haarbeuteln* (1878) marschieren die Zechbrüder auf, *Vierhändig*, die *kalte* und *milde Geschichte* sind unterhaltsame Proben daraus. Vermutlich angespornt durch *Vierhändig* schuf Busch sogleich als nächstes Opus die Tiergeschichte *Fipps der Affe* und ließ im Abstand von drei Jahren noch eine ebenso lustige folgen unter dem Titel *Plisch und Plum*, in der sich der große Menschenkenner als ein nicht weniger guter Kenner der Hundeeigenschaften entpuppte. Am Schluß der Bildergeschichtenreihe stehen noch einmal zwei Meisterwerke, *Bählamm, der verhinderte Dichter* und dessen natürliches Gegenstück im Hinblick auf Buschs Doppelbegabung: der Künstlerroman vom *Maler Klecksel*. Im Jahre 1884 legte er Stift und Feder beiseite. Sein Lebenswerk, einzig in seiner Art durch die intime Verschwisterung von bildender Kunst und humorvoller Dichtung, war mit *Maler Klecksel* abgeschlossen. Erst zwei Jahrzehnte später, im Alter von 72 Jahren, überraschte Busch seine große Gemeinde noch einmal durch ein Büchlein Gedichte mit dem ahnenden Titel *Zu guter Letzt*, einem Seitenstück zur *Kritik des Herzens* des 32jährigen Dichters. Dieses Bändchen enthält aus beiden Sammlungen ausgewählte Stücke.

Wer etliche Busch-Werke näher kennt, der weiß, wie toll es in ihnen zugeht und wie viele Widerwärtigkeiten, wie viele ausgesucht schmerzhafte Qualen seine Geschöpfe aushalten müssen, falls sie überhaupt mit dem Leben davonkommen und keines grausamen Todes sterben. Max und Moritz werden zur Strafe für ihre Streiche wie Korn zerschrotet – »und sogleich verzehret sie Meister Müllers Federvieh«. Die fromme Helene verbrennt in ihrer Bezechtheit bei lebendigem Leibe, nachdem die Lampe, »gefüllt mit dem Petroleum«, auf sie gestürzt ist, und der brave Zwiel in der *kalten Geschichte* friert vor den Augen seines mitleidlosen Weibes gar zum unförmlichen Eisklumpen zusammen. Wie hart wird der fromme Joseph im *Zylinder* für seinen harmlosen Seitenblick gestraft, die tanzlustige Hermine für ihren

heimlichen Gang zur Kirmes. Wohin man blickt in den Bildergeschichten, immer geschieht irgendwie ein Malheur, das boshafte, tückische Objekte, die zufällig in der Nähe sind, obendrein wirksam zu steigern wissen. Und hinter dem allem steht der Künstler mit deutlich schadenfrohem Gesicht.
Es gibt Menschen, die deshalb, wie schon gesagt, den Humor Wilhelm Buschs nicht verdauen können. Sie würden auch kein Verständnis haben für Cervantes' *Don Quijote*. Von ihrem Standpunkt aus sind sie im Recht. Millionen anderer haben erkannt, daß über all dem tollen Geschehen, ganz und gar nicht mittendrin, ein lachender Demokritos steht, der die Kinder der Welt von Grund aus durchschaut hat, mit all ihren Schwächen und Eitelkeiten, ihrer Beschränktheit und Gemeinheit, und dennoch frei und heiter blieb. Gelassen blickt er in das Gewimmel, zieht diesen und jenen am Ohr heraus und spielt zu seinem Selbstpläsier ein wenig die Rolle des Puppenspielers. »Lachen ist ein Ausdruck relativer Behaglichkeit«, heißt es in Buschs Selbstbiographie. »Der Franzl hinterm Ofen freut sich der Wärme um so mehr, wenn er sieht, wie sich draußen der Hansel in die rötlichen Hände pustet. Zum Gebrauch in der Öffentlichkeit habe ich jedoch nur Phantasiehanseln genommen. Man kann sie besser herrichten nach Bedarf und sie eher sagen und tun lassen, was man will. So ein Konturwesen macht sich leicht frei vom Gesetze der Schwere und kann viel aushalten, ehe es ihm weh tut. Man sieht die Sache an und schwebt derweil in behaglichem Selbstgefühl über den Leiden der Welt, ja über dem Künstler, der gar so naiv ist.«
Ungewöhnlich still und geruhsam floß der Lebenslauf Buschs dahin, zumeist in kleinen Orten seiner Heimatprovinz Hannover. Als erster von sieben kam er am 15. April 1832 in Wiedensahl auf die Welt, wo sein Vater als wohlhabender Krämer ansässig war, wurde vom siebenten Jahre an von seinem vortrefflichen Onkel Kleine, Pastor und Bienenzüchter in Lüethorst, erzogen und besuchte ab 1847 auf Wunsch des praktisch denkenden Vaters das Polytechnikum in Hannover, um Maschinenbauer zu werden. Bis sich nach

etlichen Jahren ergab, daß die Wahl des Berufes ein Mißgriff gewesen, und der gescheiterte Techniker zum Kummer des Vaters Maler wurde. Düsseldorf, Antwerpen und München waren die akademischen Kunststätten, wo er sich sein Rüstzeug holte, München unter den dreien die Stadt, die ihm am meisten zu bieten hatte. Elf Jahre blieb er dort, von 1854 bis 1865, dann zog es ihn heim nach der Stätte der Kindheit, nach Wiedensahl, wo die Eltern noch lebten und eine einzige Schwester Fanny mit einem Pastor verheiratet war. Alle seine bedeutenden Werke sind hier in der ländlichen Stille entstanden. Eine lange Reihe von Jahren hindurch unterbrach er nach getaner Arbeit die dörfliche Eintönigkeit durch Reisen; nachdem aber 1878 die Schwester Witwe geworden war, zog er zu ihr ins Pfarrwitwenhaus, teilte die Sorge für ihre drei Söhne und kam in den nächsten zwei Jahrzehnten nur noch höchst selten aus dem Bau. Bis er allmählich so einsilbig wurde, so grüblerisch und menschenscheu, daß der jüngste der Neffen, der seit kurzem in Mechtshausen als Pfarrer wirkte, die beiden einsiedlerischen Alten aus Wiedensahl zu sich herüberzog. Hier, in dem stillen, freundlichen Harzdorf, hat Wilhelm Busch die letzten zehn Jahre in beschaulicher Ruhe verbracht, geliebt und vergöttert von seinen Verwandten, verehrt von alt und jung im Dorf. Er starb am 9. Januar 1908.

Carl W. Neumann

Gottfried Keller

EINZELAUSGABEN IN RECLAMS UNIVERSAL-BIBLIOTHEK

Dietegen. Novelle. 6177

Die drei gerechten Kammacher. Novelle. 6173

Das Fähnlein der sieben Aufrechten. Novelle. 6184 – dazu *Erläuterungen und Dokumente.* 8121

Frau Regel Amrain und ihr Jüngster. Novelle. 6174

Gedichte. Auswahl. 6197

Hadlaub. Novelle. 6181

Kleider machen Leute. Novelle. 7470

Der Landvogt von Greifensee. Novelle. 6182 [2]

Die mißbrauchten Liebesbriefe. Novelle. 6176

Pankraz der Schmoller. Novelle. 6171

Romeo und Julia auf dem Dorfe. Novelle. 6172 – dazu *Erläuterungen und Dokumente.* 8114

Der Schmied seines Glückes. Novelle. 6175

Sieben Legenden (Eugenia. Die Jungfrau und der Teufel. Die Jungfrau als Ritter. Die Jungfrau und die Nonne. Der schlimm-heilige Vitalis. Dorotheas Blumenkörbchen. Das Tanzlegendchen). 6186 [2]

Das Sinngedicht. Novellen. (Mit: Von einer törichten Jungfrau. Regine. Die arme Baronin. Die Geisterseher. Don Correa. Die Berlocken.) 6193 [3]

Spiegel, das Kätzchen. Märchen. 7709

Ursula. Novelle. 6185

Das verlorne Lachen. Novelle. 6178 [2]

Philipp Reclam jun. Stuttgart

Wilhelm Raabe

IN RECLAMS UNIVERSAL-BIBLIOTHEK

Die Akten des Vogelsangs. Erzählung. 7580 [3]

Else von der Tanne. Erzählung. Nachwort von Werner Röpke. 7575

Im Siegeskranze. Erzählung. Nachwort von Georg Ehrhart. 7576

Das Odfeld. Erzählung. Nachwort von Ulrich Dittmann. 9845 [3]

Des Reiches Krone. Erzählung. Nachwort von Gerhard Muschwitz. 8368

Die schwarze Galeere. Geschichtliche Erzählung. Nachwort von Walter Haußmann. 8484

Stopfkuchen. Eine See- und Mordgeschichte. Nachwort von Alexander Ritter. 9393 [3]

Wunnigel. Erzählung. Nachwort von Walter Haußmann. 7577 [2]

Zum wilden Mann. Erzählung. Nachwort von Wolfgang Schlegel. 2000 [2]

PHILIPP RECLAM JUN. STUTTGART